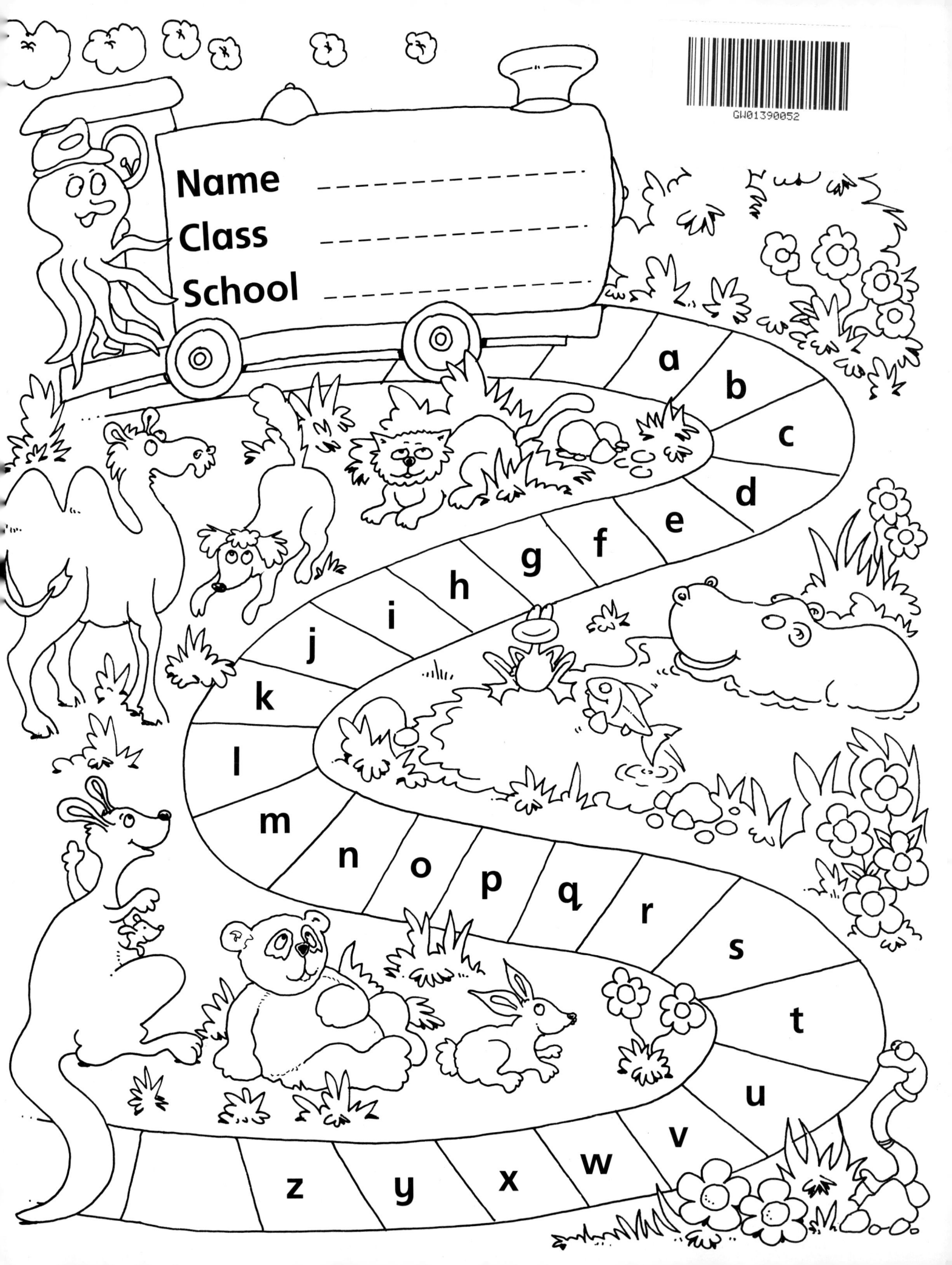

Name _____

Class _____

School _____

a
b
c
d
e
f
g
h
i
j
k
l
m
n
o
p
q
r
s
t
u
v
w
x
y
z

cat

 C

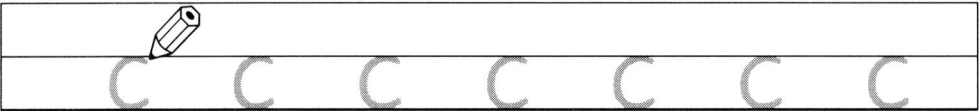
Copy
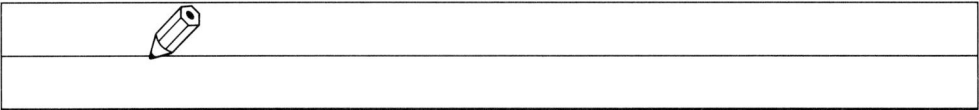

 a

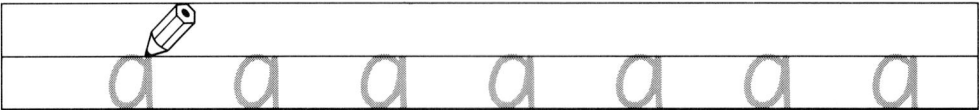
Copy
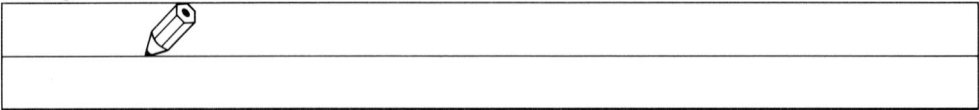

 t

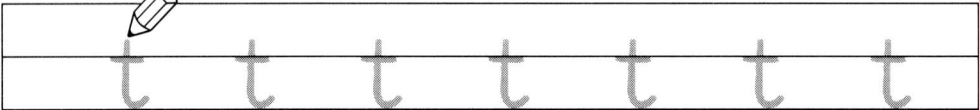
Copy
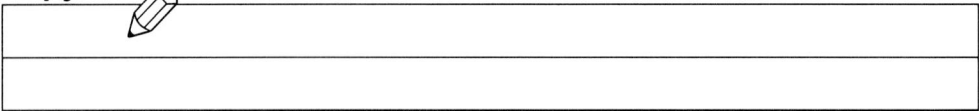

 cat

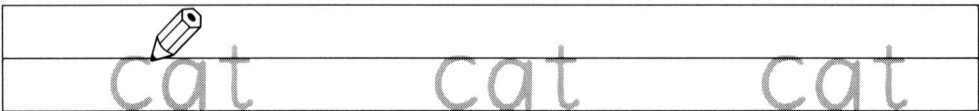
Copy
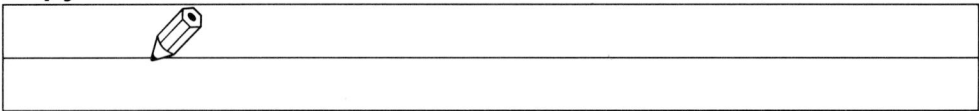

Find and circle

(ca)tactcatatcatcacatactcat

 **dog**

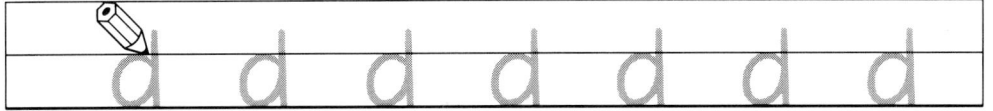 d d d d d d d

Copy

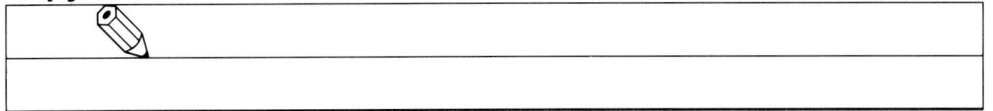

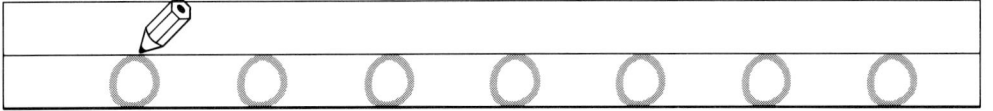 o o o o o o o

Copy

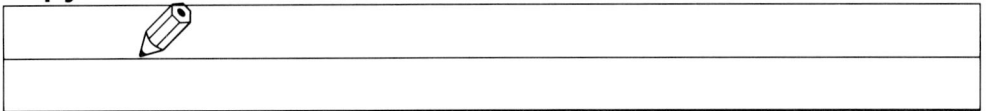

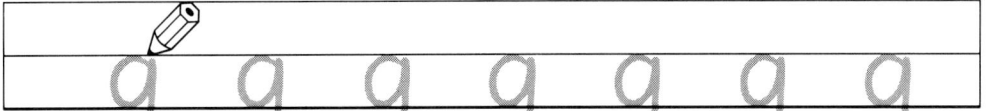 g g g g g g g

Copy

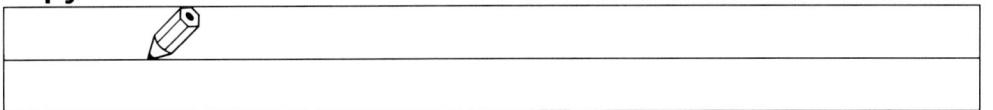

dog

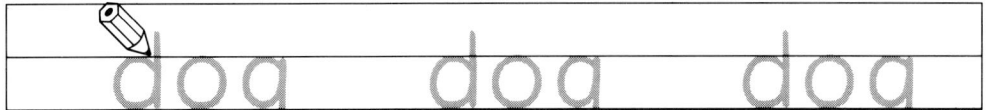 dog dog dog

Copy

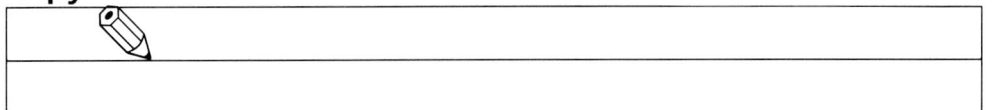

Find and circle

dodoggdogododogodog

rat 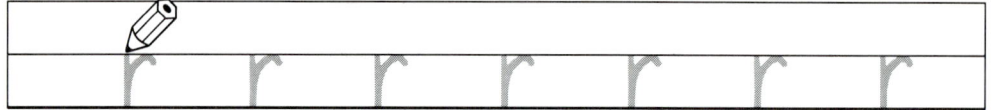 frog

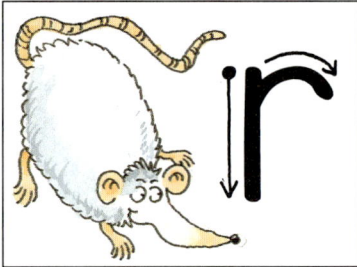 r

r r r r r r r r

Copy

 f

f f f f f f f f

Copy

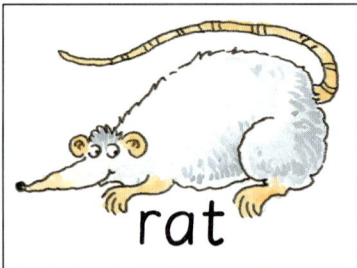

rat rat rat rat

Copy

frog frog frog

Copy

Find and circle

frattfrogrratfofroggrat(frog)

Hel - lo, I'm a cat. Hel - lo, I'm a rat. Hel - lo, hel - lo, hel -

- lo. I'm a cat. I'm a rat. Hel -

- lo! What's your name? Hel - lo! What's your name? Hel - lo, hel - lo, hel -

- lo! I'm Toby, I'm Kate.

Hello! I'm a dog. Hello! I'm a frog.
Hello, hello, hello. I'm a dog. I'm a frog.
Hello! What's your name?
Hello! What's your name?
Hello, hello, hello!

I'm _____ .

I'm _____ .

Ask and answer

Hello! What's your name?

I'm Vicky.

panda

p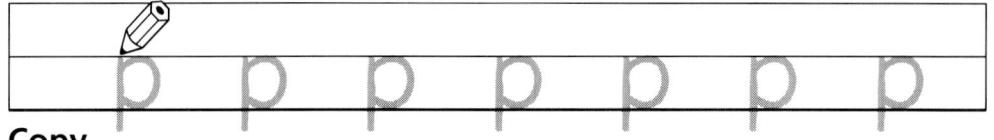

Copy

n

Copy

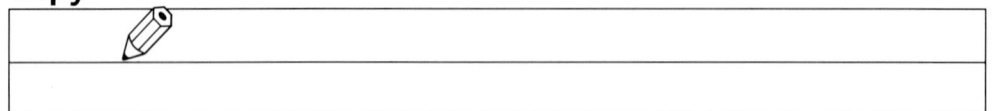

panda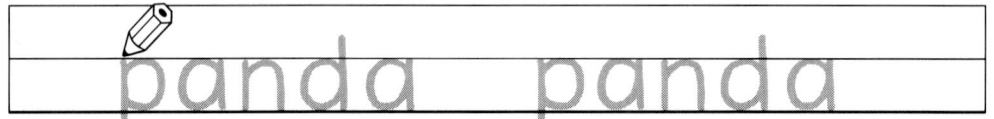

panda   panda

Copy

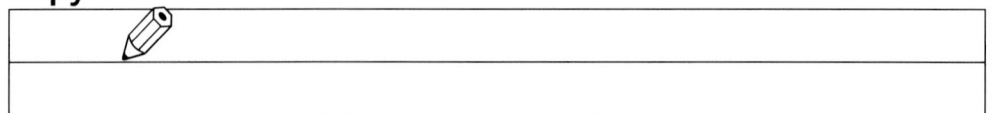

Find and circle

p a n d a p
a p a n d a
n d p a n n
d a d p a d
a p a n d a

Colour, find and circle

 rat (cat) frog

 dog panda rat

 dog cat frog

 panda rat frog

 panda cat dog

Finish the puzzle

p			d	

| | | | o | |

| f | r | | g | |

Colour the letters you find in:
cat, dog, rat, frog, panda

a	b	c	d	e	f	g	h	i	j	k	l	m

n	o	p	q	r	s	t	u	v	w	x	y	z

10

Find and colour

yellow

yellow
blue
red
green

Colour
1 = green 2 = blue 3 = red 4 = yellow

1

2

1

4

1

4

1

2

3

2

1

2

1

3

2

3

2

3

1

1

Red, green, yellow, blue,
Colours for me and you.

Red and green,
Colours for me.
Yellow, blue,
Colours for you.

Red, green, yellow, blue,
Colours for me and you.

hippo

 h

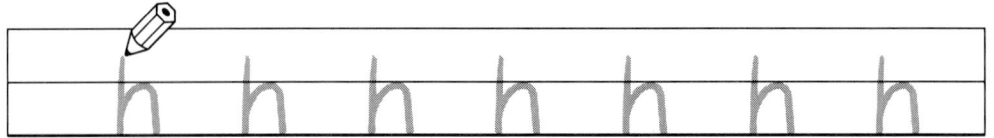
h h h h h h h

Copy

 i

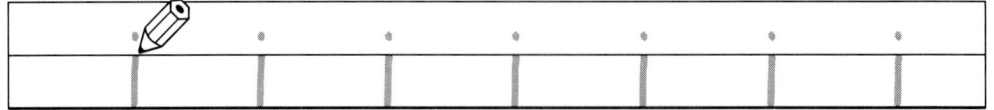
i i i i i i i

Copy

 hippo

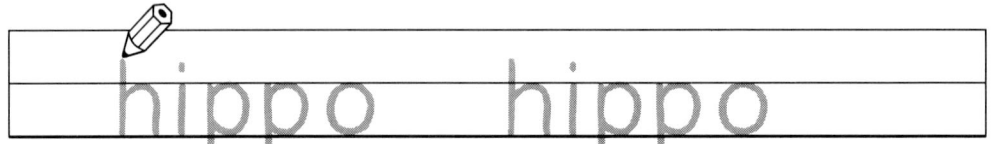
hippo hippo

Copy

Find and join

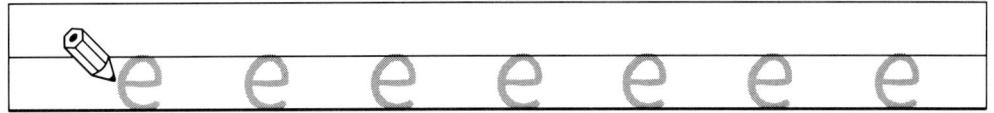

e e e e e e e e

Copy

hen   hen   hen

Copy

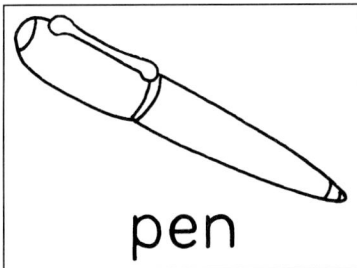

pen   pen   pen

Copy

Find and circle

p e h e n
h p e n n
p e n h e

p
e
n

 **lemon**  **camel**

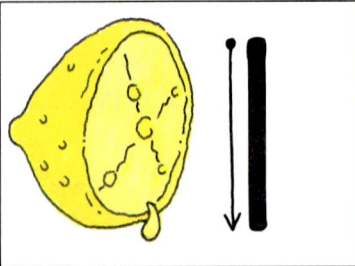

l

Copy

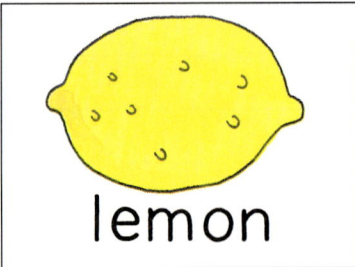

m m m m m m m

Copy

lemon

lemon   lemon

Copy

camel

camel   camel

Copy

Find and circle

(camel)lemonecamelclemon

b b b b b b b

Copy

u u u u u u u

Copy

rabbit

rabbit rabbit

Copy

umbrella

umbrella umbrella

Copy

Find and circle

rorabbitaumbrellat(rabbit)

Read, colour and match

hippo   hen   camel

rabbit   panda

Colour and finish

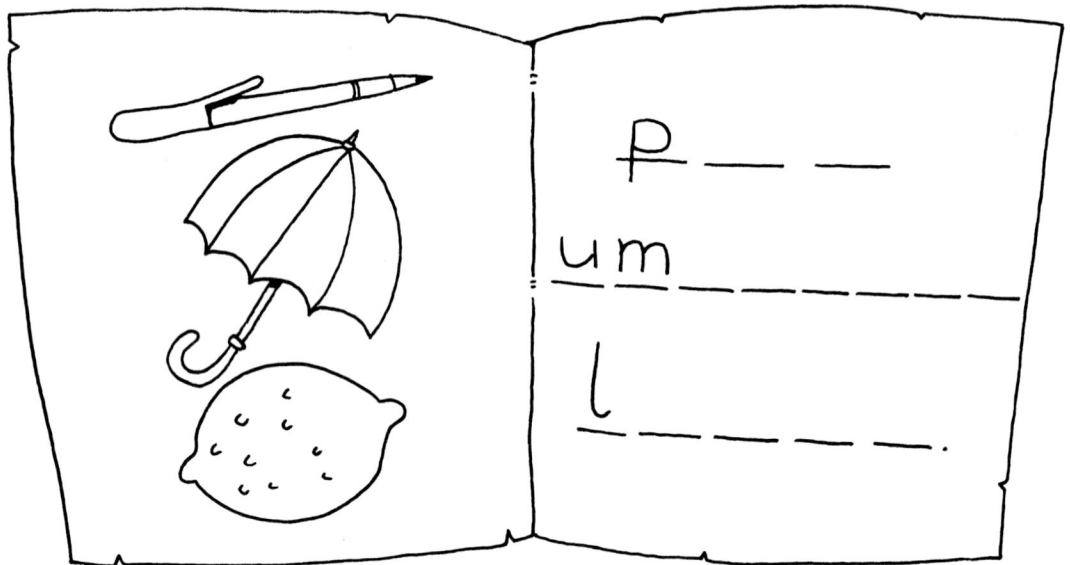

p — — —

um _____

l _____

Read and say

A hen with a pen

f p c u a d o g
r a t m b e c a
o n h b c i h b
g d b r d o i c
c a m e l a p p
a h o l o c p e
t e o l e m o n
l n r a b b i t

Colour

red   green

blue   yellow

Read and say

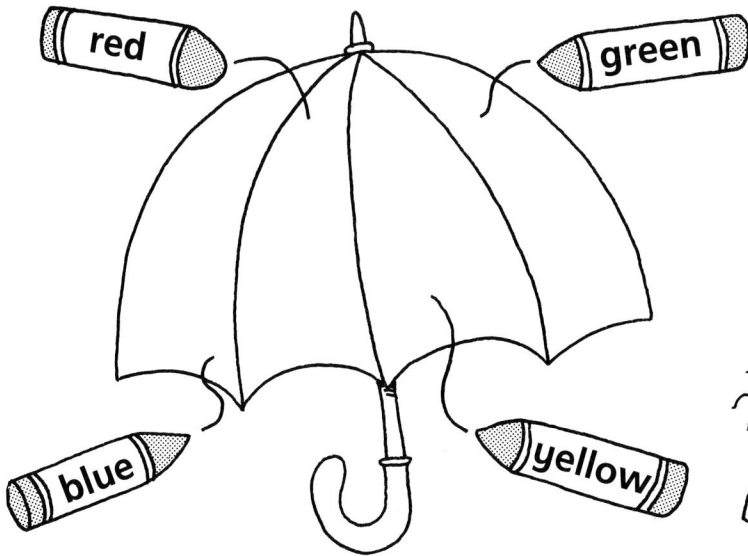

An umbrella for you,
An umbrella for me,
An umbrella for you and me.

Find and colour the letters you know

a	b	c	d	e	f	g	h	i	j	k	l	m

n	o	p	q	r	s	t	u	v	w	x	y	z

octopus  **sun**

S   s s s s s s s

Copy

octopus   octopus octopus

Copy

sun   sun sun sun

Copy

Find and circle

s	u	n	o	s	u	n
u	p	o	c	s	u	n
n	u	s	t	t	s	s
o	c	t	o	p	u	s
s	u	n	p	p	n	n
u	c	s	u	n	c	n
n	c	o	s	u	n	o

 **fish**  **dish** **shell** 19

sh

sh sh sh sh sh sh sh

Copy

fish

fish fish fish

Copy

shell

shell shell shell

Copy

Read and circle 'sh'

A fish on a dish

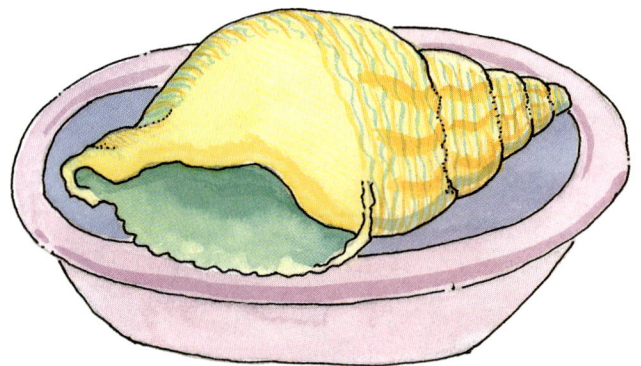

A shell on a dish

 **fox** 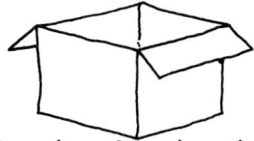 **box**

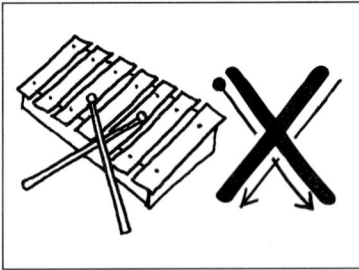

Copy

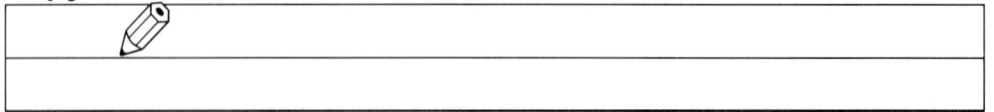

fox

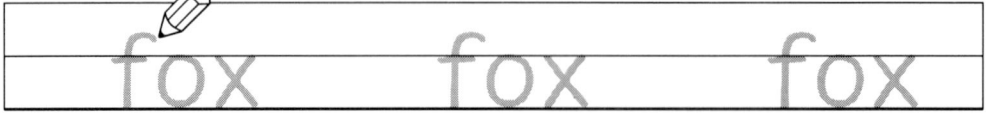

Copy

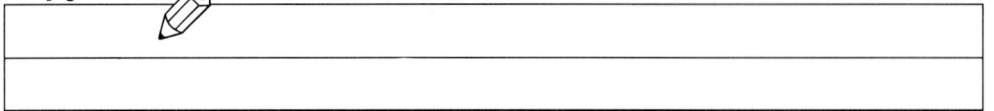

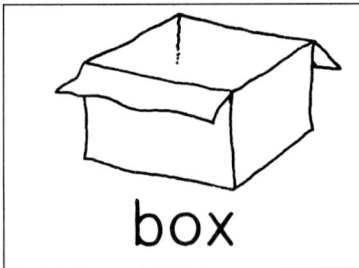

box

Copy

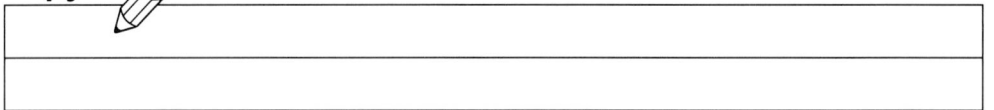

Fill in the gaps

A f _ _ in the _ _ _.

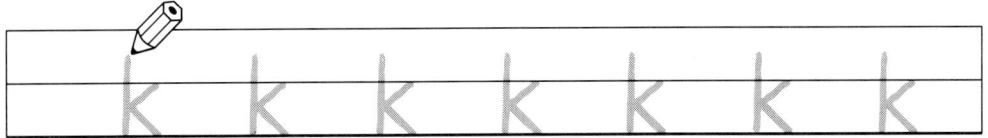

Copy

Copy

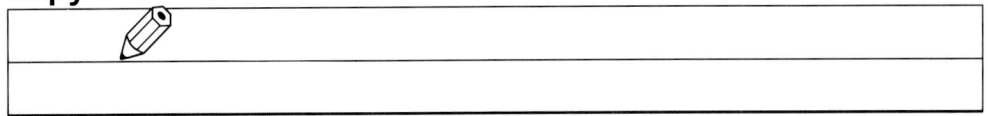

kangaroo

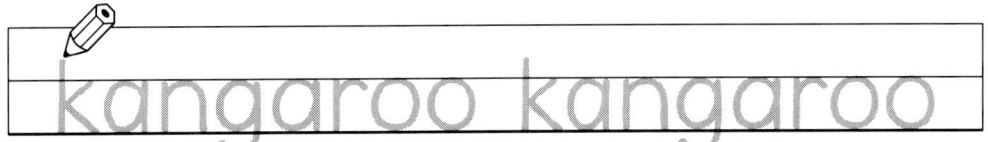

Copy

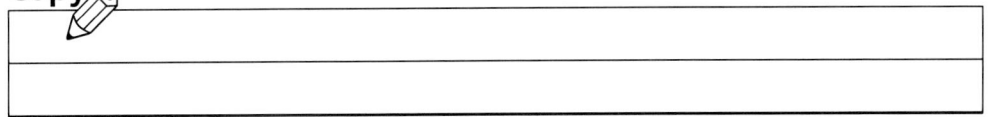

zoo

Copy

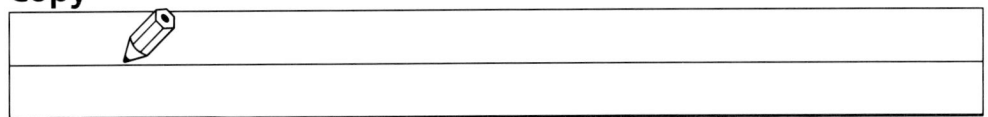

Find and circle 'oo'

The kangaroo in the zoo.

Listen and sing

Hey, hey, kangaroo,   kangaroo,   in the zoo.

Hel - lo! How are you?   I'm fine, thank you!

Hey, hey, panda, panda, in the zoo.
Hello! How are you? I'm fine, thank you!

Hey, hey, hippo, hippo, in the zoo.
Hello! How are you? I'm fine, thank you!

Hey, hey _____, _____, in the zoo.
Hello! How are you? I'm fine, thank you!

1

Hello, Toby.
How are you?

I'm fine,
thank you.

2

H__ll__, Jill.
H__w are you?

I'm fine,
th__nk y__ __ .

3

H__ __ __ __ __, Toby.
H__w __re you?

Oh! Help!

Ask and answer

Hello!
What's your name?

I'm Peter.

How are you?

I'm fine,
thank you.

 **elephant**  **dolphin**

ph ph ph ph ph ph ph

Copy

elephant

elephant   elephant

Copy

dolphin

dolphin   dolphin

Copy

Fill in the gaps

d o l _ _ i n
o
e l e _ _ a n t
p
d o l _ h i n
i
e l e _ _ a n t

Colour the pictures and fill in the gaps

kan _ _ _ _ _ _ _

s _ _ _

_ _ _ ll

e _ e _ _ _ _ nt

oct _ _ _ _ _

d _ _ _ _

_ is _

d _ l _ _ _ in

Find and circle

zoo ✔
fox
hen
frog
rat
dog
cat
elephant
octopus
dolphin ✔

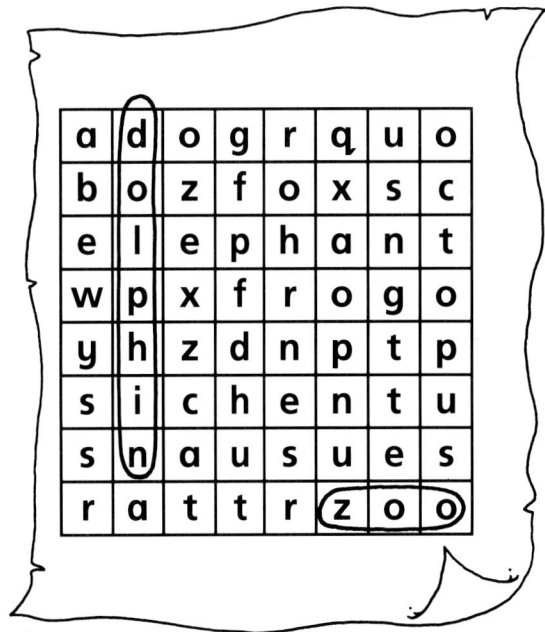

a	d	o	g	r	q	u	o
b	o	z	f	o	x	s	c
e	l	e	p	h	a	n	t
w	p	x	f	r	o	g	o
y	h	z	d	n	p	t	p
s	i	c	h	e	n	t	u
s	n	a	u	s	u	e	s
r	a	t	t	r	z	o	o

Find and colour the letters you know

| a | b | c | d | e | f | g | h | i | j | k | l | m |
| n | o | p | q | r | s | t | u | v | w | x | y | z |

Read and fill in the gaps

finish

one two three four five
one two three four five
one two three four five
one two three four five

1 number one = h i p p o   3 number three = _ _ _ _ _ _ _ _

2 number two = _ _ _ _ _ _   4 number four = _ _ _ _ _

5 number five = k _ _ _ _ _ _ _ _ _

Read and match

5 (1) 3 2 4 (1) 5 2 4 3 2 (1) 4 5 3

one   two   three   four   five

Fill in the gaps

three two one five four

How many?

o _ _ panda   _ w _ hens   t _ _ _ _ _ cats

f _ _ _ _ umbrellas   _ _ _ _ _ lemons

Write the numbers

| one | + | one | = | | | one | + | | = | four |

| two | + | | = | three | | | + | three | = | five |

| | + | two | = | four | | three | + | two | = | |

 **vase**

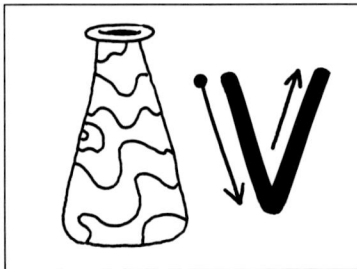

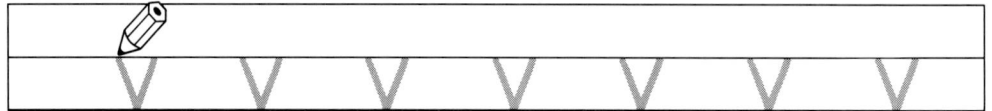

Copy

vase

Copy

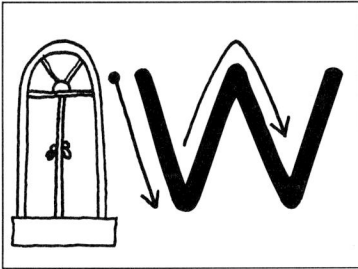

Copy

window

Copy

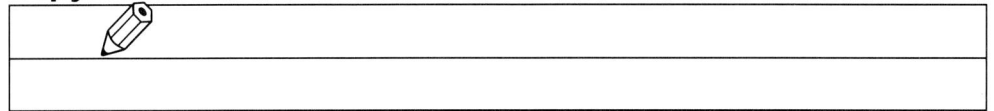

worm

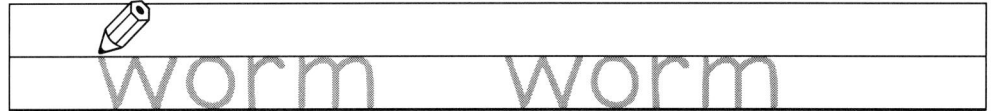

Copy

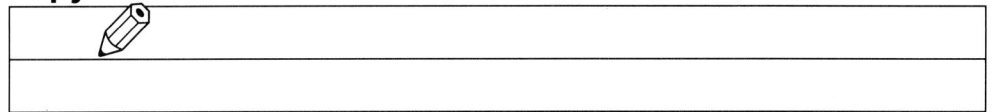

flower

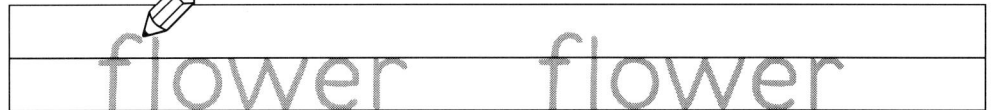

Copy

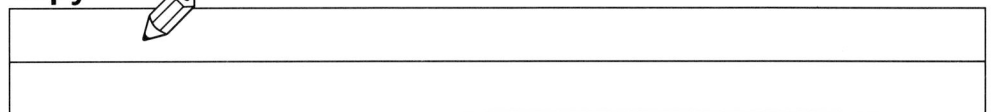

Read and match

worm
flower
vase
window

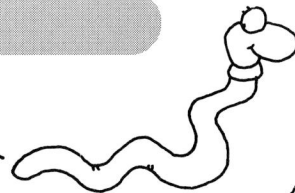

 **yellow**  **jelly**

y

g g g g g g g g

Copy

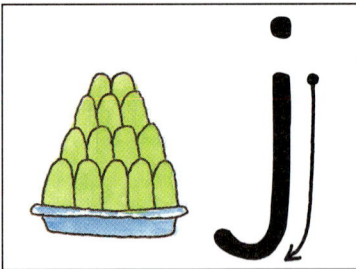

j

j j j j j j j j

Copy

yellow

yellow   yellow

Copy

jelly

jelly   jelly   jelly

Copy

Find and circle

jyellowyjellyloyellowow(jelly)

 **queen bee**  **green tree**

qu qu qu qu qu qu qu

Copy

queen bee

Copy

queen bee

green tree

Copy

green tree

Fill in the gaps

A __ __ een b __ __ in a gr __ __ n tr __ __ .

Match, write and colour

v   __ indow

w   __ ellow

g   ____ een bee

qu   _v_ ase

y   __ elly

j   __ reen

Fill in the gaps: 'w' or 'y'

		Score	
		w	y
_y_ ello _w_		1	1
flo __ er			
jell __			
__ orm			
__ indo __			

Colour the letters you know

a	b	c	d	e	f	g	h	i	j	k	l	m

n	o	p	q	r	s	t	u	v	w	x	y	z

Read and finish

What's this?  It's a _____ .

What's this? It's a _____ .

What's this? It's a _____ .

What's this?  It's an _____ .

What's this?  It's an _____ .

Read and colour

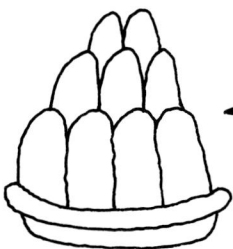

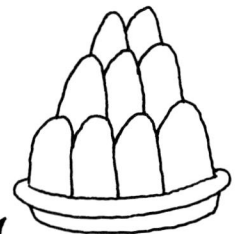

What's this? It's a yellow jelly.

What's this? It's a green jelly.

What's this? It's a blue jelly.

What's this? It's a red jelly.

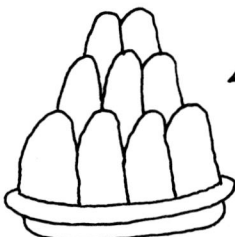

Read and fill in the gaps

finish

six   seven   eight   nine

six   seven   eight   nine   ten

six   seven   eight   nine   ten

six   seven   eight   nine   ten

6 number six = p a n d a

7 number seven = r a _

8 number eight = d _ _ _

9 number nine = _ _ _ _

10 number ten = _ _ _ _ _ _ _ _ _ _

Read and match

6 ⑩ 9 7 8 7 9 ⑩ 6 8 ⑩ 7 9 8 6

six   seven   eight   nine   ten

    = <u>s</u> <u>i</u> <u>x</u>

    = <u>e</u> <u>i</u> __ __ __

    = <u>t</u> __ __ __

    = __ __ __ __

    = __ __ __ __ __

Listen and sing 🔊

One, two, three bal-loons,   come and see.

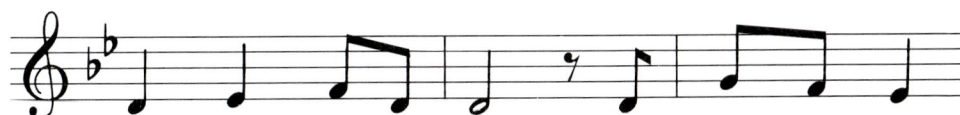

Four, five, six bal-loons,   for you and me.

Seven, eight, nine bal-loons,   come and see.

Ten big, big bal-loons, for   you and me!

A B C D E F G H I J K L M

apple	a A		Copy
balloon	b B	A A A A	A A
cat	c C	B B B B	B B
dog	d D	C C C C	C C
elephant	e E	D D D D	D D
fish	f F	E E E E	E E
green	g G	F F F F	F F
hen	h H	G G G G	G G
ant	i I	H H H H	H H
jelly	j J	I I I I	I I
kangaroo	k K	J J J J	J J
lemon	l L	K K K K	K K
monkey	m M	L L L L	L L
		M M M M	M M

Copy

 n N

 o O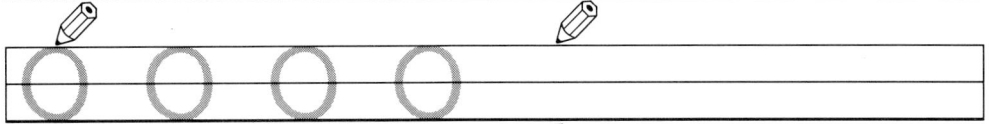

 p P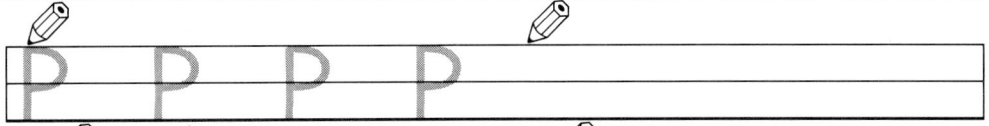

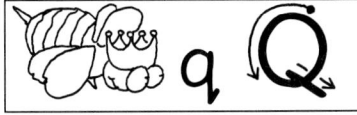 q Q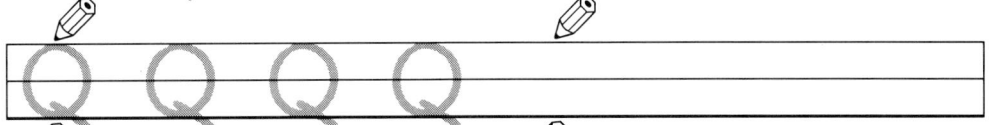

 r R

 s S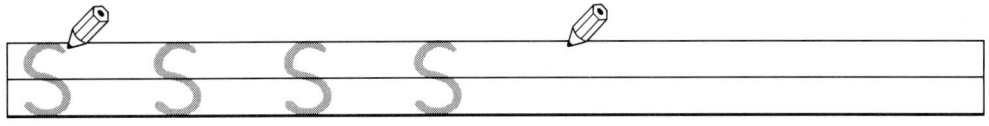

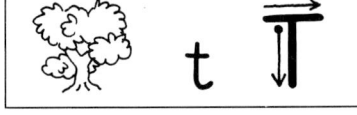 t T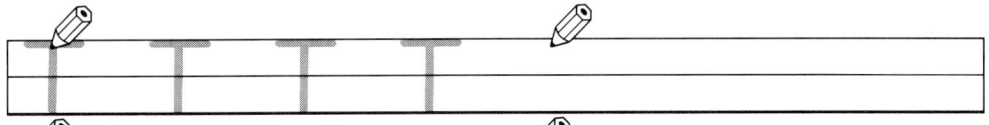

 u U

 v V

 w W

 x X

 y Y

 z Z

Read and trace

TRAIN

PIZZA

DOLPHINS

CAFE

LEMONADE

BALLOONS

ZOO

TAXI

STOP

FLOWERS

Fill in the gaps

T _ A _ N

B _ L _ _ _ NS

T _ XI

FL _ _ E _ S

P _ _ ZA

D _ L _ _ _ N

Match the letters

a	T	r	D	m	J		
h	Y	b	E	o	K		
y	N	e	R	j	O		
t	H	f	B	g	M		
n	A	d	F	k	G		

Help the kangaroo find the zoo

ZOO

⬥ **40**

Find and circle

green flower zoo

yellow

tree

sun jelly

pen umbrella hippo

a	y	e	l	l	o	w	x
b	g	r	e	e	n	s	s
j	f	l	o	w	e	r	u
e	s	e	r	t	p	e	n
l	t	r	e	e	z	z	n
l	f	l	o	r	o	u	a
y	h	i	p	p	o	h	c
u	m	b	r	e	l	l	a

Fill in the gaps

cat	→	C A T
rat	→	_ A _
dog	→	_ _ G
frog	→	F _ _ _ _
panda	→	P _ _ D _
umbrella	→	U _ _ _ _ _ LL _

How many rubbers? Guess!

One.

No, three.

How many rubbers? Guess!

Two.

Yes. Well done!

Colour. Point, ask and answer

What's this?

It's a fish.

Finish the picture

Colour (1) yellow
        (2) blue
        (3) red
        (4) green

cat

dog

panda

hippo

camel

rabbit

octopus

fox

fish	kangaroo
elephant	worm
queen bee	vase
jelly	dolphin

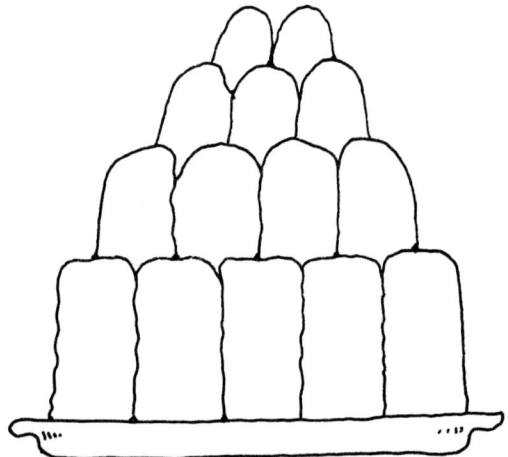

blue	green
red	yellow
frog	rat
zoo	umbrella

green

blue

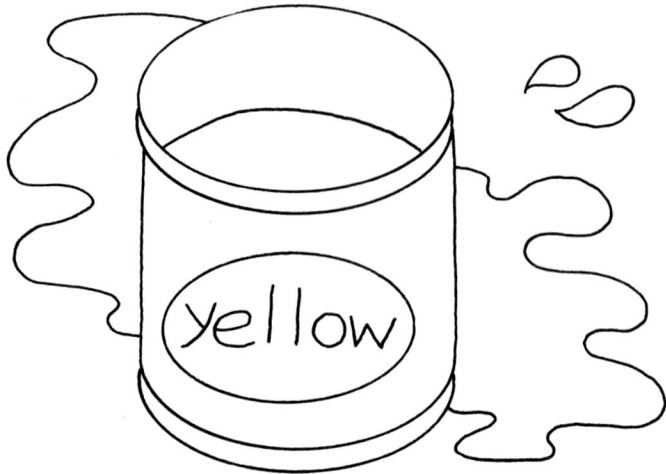
yellow

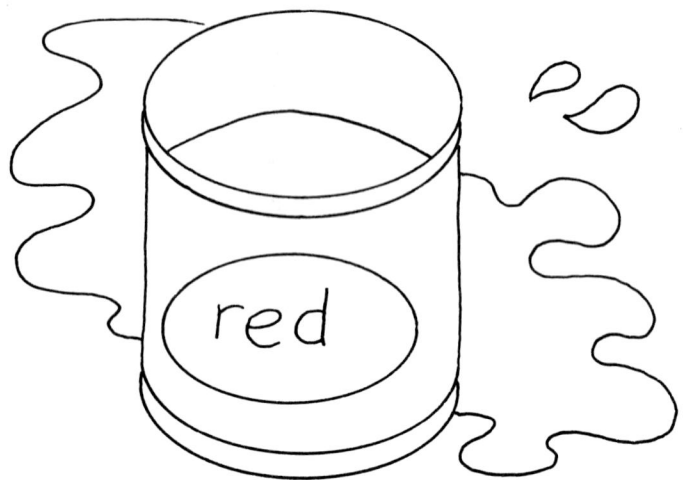
red

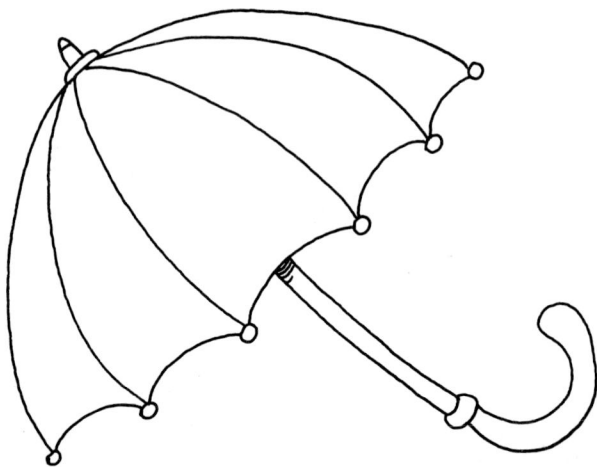

ZOO